bi:libri-Ausgabe 2024

Herausgegeben in Kooperation mit Edition bi:libri, München.
Übersetzung ins Spanische: Olga Balboa Sánchez
Lektorat Spanisch: Beatriz Bernabé

Gestaltung: Silvia Wahrstätter, www.vielseitig.co.at
Druck und Bindung: Livonia Print, Riga, Lettland
ISBN 978-3-19-069620-8
1. Auflage 2024
www.nord-sued.com | www.edition-bilibri.de | www.hueber.de/bilibri
Bei Fragen, Wünschen oder Anregungen schreiben Sie bitte an: info@nord-sued.com

MIX
Papier | Fördert gute Waldnutzung
FSC® C002795

Erwin Moser

Boris der Kater

Das Badewannenauto

El gato Boris

El coche-bañera

Nord Süd

Edition bi:libri

Die Ankunft

La llegada

Boris, der Kater, schwimmt in einem Fässchen auf dem Fluss. Wo kommt er her? Niemand weiß das.

El gato Boris navega por el río dentro de un barril. ¿De dónde viene? Nadie lo sabe.

Ein Gewitter zieht auf. In einer Flussbiegung geht Boris an Land. Eine Eule beobachtet den Kater.

Se acerca una tormenta. Boris desembarca en una curva del río. Una lechuza observa al gato.

Schon beginnt es zu regnen. Die neugierige Eule fliegt Boris nach.

Enseguida se pone a llover. La lechuza, muy curiosa, vuela tras Boris.

Boris findet unter einem Baum Schutz vor dem Regen. „Ich weiß ein leer stehendes Haus für dich", sagt die Eule.

Boris se protege de la lluvia debajo de un árbol. "Conozco una casa vacía ideal para ti", dice la lechuza.

Die Eule führt Boris zu einem kleinen Häuschen.
Es regnet nun heftig.

La lechuza lleva a Boris a una casita.
Ahora llueve a mares.

In dem Haus ist es trocken. Boris legt sich gleich ins Bett. „Hier gefällt es mir, hier bleibe ich eine Weile“, sagt er.

Dentro de la casa no se moja. Boris se tumba rápidamente en la cama. “Esto me gusta. Me voy a quedar aquí un buen rato”, dice.

Das Badewannenauto

El coche-bañera

Boris möchte ein Bad nehmen, doch die Badewanne hat ein Leck. Die Eule kennt jemanden, der das reparieren könnte.

Boris quiere bañarse, pero la bañera pierde agua. La lechuza conoce a alguien que podría arreglarla.

Boris schultert die schwere Wanne, und die Eule führt ihn zur Werkstatt von Ewald, dem Igel.

Boris se echa al hombro la pesada bañera y la lechuza le lleva al taller de Ewald, el erizo.

Ewald ist Erfinder, und er kann alles reparieren!
„Komm morgen wieder, dann ist die Wanne so gut wie neu“, sagt er.

Ewald es inventor y sabe repararlo todo.
“Vuelve mañana. La bañera estará como nueva”, dice.

Es ist Mitternacht vorbei, und in Ewalds Werkstatt brennt immer noch Licht. Dort wird gehämmert und geschweißt. Seltsam ...

Ha pasado medianoche y en el taller de Ewald todavía hay luz. El erizo trabaja afanoso con el martillo y el soplete. Qué raro...

Als Boris und die Eule wieder zur Werkstatt kommen, trauen sie ihren Augen nicht. Ewald hat die Wanne in ein Auto umgebaut!

Cuando Boris y la lechuza vuelven al taller, no dan crédito. ¡Ewald ha transformado la bañera en un coche!

Sein Erfindergeist war mit ihm durchgegangen.
Boris ist es recht so. Das Auto ist toll!
Außerdem sind Katzen ohnehin wasserscheu …

Ewald se ha dejado llevar por su ingenio.
A Boris le parece muy bien. ¡El coche es genial!
Además a los gatos no les gusta el agua…

Der Absturz

La caída

Boris probiert sein neues Badewannenauto in den Bergen aus. Er ist zufrieden. Der Motor schafft fast jede Steigung.

Boris va a la montaña para probar su nuevo coche-bañera. Está satisfecho. El motor puede con casi todas las cuestas.

Da trifft er Bruno, den Bären. Bruno möchte verreisen, aber er hat verschlafen und befürchtet, dass er den Zug nicht mehr erreicht.

Allí se encuentra con Bruno, el oso. Bruno quiere ir de viaje, pero se ha quedado dormido y teme no llegar a tiempo al tren.

Kein Problem! Boris lässt den Bären in sein Auto steigen und braust mit Höchstgeschwindigkeit die Bergstraße hinunter.

¡No hay problema! Boris le propone al oso que se suba al coche y sale zumbando a toda velocidad por la carretera montaña abajo.

Leider hat Boris ein bisschen zu viel Gas gegeben.
Weiter unten trägt es ihn aus der Kurve.
Bruno hält sich die Augen zu ...

Por desgracia Boris pisa demasiado fuerte el acelerador. Más abajo se sale de una curva. Bruno cierra los ojos...

Im freien Fall geht es abwärts.
Gerade in diesem Moment kommt der
Zug aus dem Tunnel!

Y caen al vacío.
¡Pero justo en ese momento
un tren sale del túnel!

Was für ein Glück, dass der zweite Waggon Stroh geladen hat! Jedenfalls hat Bruno seinen Zug doch noch erreicht ...

¡Qué suerte que el segundo vagón vaya cargado de paja! Al final Bruno ha conseguido llegar al tren...

Die Vogelscheuche

El espantapájaros

Boris streicht die Eingangstür neu.
Er erwartet heute Besuch von Bruno Bär.

Boris está pintando la puerta de su casa.
Hoy viene a verle el oso Bruno.

Dazwischen muss er immer wieder die lustigen Vögel verjagen, die den Samen seines Katzengrasbeetes aufpicken wollen.

A veces tiene que ahuyentar a los graciosos pájaros que picotean las semillas de su campo de hierba gatuna.

Als Boris so vor der nutzlosen Vogelscheuche steht, hat er plötzlich einen interessanten Einfall!

Cuando Boris se detiene delante del inútil espantapájaros, se le ocurre algo muy interesante.

Der Kater bemalt sein Gesicht mit der blauen Farbe.
Er will die Vögel so richtig erschrecken.

El gato se pinta la cara de azul.
Quiere darles un buen susto a los pájaros.

Da kommen sie auch schon zurück! Boris wartet unbeweglich, bis sie alle auf dem Beet gelandet sind.

Y efectivamente, ¡ahí están de nuevo! Boris espera muy quieto a que todos aterricen en el campito.

Dann schreit er laut: „Haaaa!“ Oje, jetzt hat er leider auch Bruno erschreckt, der eben zu Besuch gekommen ist.

Y entonces grita muy fuerte: “¡Uhhhh!”. ¡Oh, no! También ha asustado a Bruno, que acaba de llegar de visita.

Der Kinderwagen

El cochecito de bebé

Eines Morgens sieht Boris einen Kinderwagen auf dem Fluss treiben. „Entsetzlich! Ich muss das Kind retten!“, denkt Boris.

Una mañana Boris ve en el río un cochecito de bebé a la deriva. “¡Qué horror! ¡Tengo que salvar a ese niño!”, piensa Boris.

Mit einem Stock will Boris den Kinderwagen an Land ziehen. Doch der Stock ist zu kurz.

Boris quiere llevar el cochecito hacia la orilla con un palo. Pero el palo es demasiado corto.

Nun versucht es der Kater weiter flussabwärts auf einer Brücke. Aber wieder verfehlt er den Kinderwagen.

Después el gato lo intenta río abajo desde un puente. Pero esta vez también se le escapa el cochecito.

Boris bleibt nichts anderes übrig, als ins Wasser zu springen.

Así es que no le queda más remedio que tirarse al agua.

So schnell er kann, schwimmt er dem Wagen nach.
Endlich erwischt er ihn und schiebt ihn an das Ufer.

El gato nada detrás del cochecito lo más rápido que puede. Por fin lo alcanza y lo empuja hasta la orilla.

Doch das „gerettete Baby“ ist nur ein Frosch.
Er hat den alten Kinderwagen als Boot benutzt.

Pero el “bebé rescatado” es simplemente una rana
que ha utilizado el viejo cochecito a modo de barco.

Der Regenschirm

El paraguas

Es ist ein regnerischer, windiger Tag.
Boris will trotzdem einen Spaziergang machen
und spannt seinen Regenschirm auf.

Es un día lluvioso y hace mucho viento.
A pesar de eso Boris quiere dar un paseo
y abre su paraguas.

Draußen auf dem freien Feld bläst der Wind besonders stark. Da entdeckt Boris eine kleine Silbermöwe.

Fuera, en pleno campo, el viento sopla aún con más fuerza. En ese momento, Boris descubre una pequeña gaviota plateada.

„Arme Möwe“, sagt Boris. „Traust dich nicht zu fliegen bei dem Wetter? Komm, ich wärme dich ein bisschen.“

“Pobre gaviota”, dice Boris. “¿No te atreves a volar con este tiempo? Ven, yo te daré un poquito de calor”.

Mitten auf der Brücke über dem Fluss
fährt plötzlich eine heftige Windböe
in den Schirm und dreht ihn um.

Al pasar por el puente sobre el río,
una fuerte ráfaga de viento sacude de
repente el paraguas y le da la vuelta.

Am anderen Ufer des Flusses findet Boris auf einem Baum ein großes, verlassenes Vogelnest.

En la otra orilla del río Boris encuentra un gran nido abandonado en la copa de un árbol.

Boris setzt sich mit der Silbermöwe in das Nest.
Den Schirm hängt er an einen Ast.
Der kleinen Möwe geht's schon wieder gut ...

Boris se sienta con la gaviota en el nido. Y coloca el paraguas colgando de una rama. La pequeña gaviota vuelve a sentirse bien...

Die Störche

Las cigüeñas

Boris schaut den Störchen zu, wie sie auf einem dürren Baum ihr Nest bauen wollen. „Sieht mühsam aus“, denkt er.

Boris observa cómo las cigüeñas intentan hacer un nido en un árbol seco.
“No parece fácil”, piensa.

Schließlich wird es dem Kater zu langweilig,
und er steigt auf einen Hügel.
Dort findet er einen alten Autoreifen.

Al final le resulta demasiado aburrido
y se sube a una colina. Allí encuentra
un viejo neumático.

Boris liebt Behaglichkeit. Er stellt den Reifen auf und macht ein Schläfchen. Eine kleine Maus macht sich am Reifen zu schaffen ...

A Boris le encanta la comodidad. Coloca el neumático en posición vertical y se echa una siesta. Pero entonces un ratoncito se pone a jugar con el neumático...

Die Maus schubst den Reifen den Hügel hinunter.
Ein unsanftes Erwachen für Boris!
Er weiß nicht, wie ihm geschieht!

El ratón empuja el neumático colina abajo.
¡Boris se despierta bruscamente!
¡Y no sabe lo que está pasando!

Der Reifen rollt zum Teich hinunter und springt auf den Baum, auf dem die Störche das Nest bauen.

El neumático baja rodando hacia el estanque y salta hasta el árbol en el que las cigüeñas están construyendo su nido.

Niemand ist etwas passiert. Im Gegenteil! Die Störche freuen sich über den Reifen. Nun können sie leichter ihr Nest bauen!

No le ha pasado nada a nadie. ¡Al contrario! Las cigüeñas están muy contentas con el neumático. ¡Ahora pueden hacer su nido más fácilmente!

Das Zelt

La tienda
de campaña

Boris hat früh am Morgen Ewald Igel abgeholt. Sie haben vor, auf einem Berg in einem Zelt zu übernachten.

Boris ha ido a buscar a Ewald por la mañana temprano. Quieren pasar la noche en la montaña en una tienda de campaña.

An Zelt und Rucksack haben die beiden schwer zu tragen. Außerdem weht hier oben ein starker Wind.

Los dos van muy cargados con la tienda y la mochila. Y además ahí arriba sopla un fuerte viento.

Als sie das Zelt aufstellen wollen, fährt der Wind in die Zeltplane und bläht sie auf.

Cuando van a montar la tienda, el viento sacude la cubierta y la infla hacia arriba.

*Boris und Ewald mühen sich, die Plane nieder-
zuhalten, aber der Wind reißt sie plötzlich
hoch in die Luft hinauf.*

Boris y Ewald hacen todo lo posible por sujetar
la cubierta, pero el viento de repente la levanta
por los aires.

Der Wind weht die zwei Freunde den Weg zurück. Dann schweben Boris und Ewald wie an einem Fallschirm zu Boden.

El viento empuja a los dos amigos de vuelta al principio del camino. Luego, Boris y Ewald bajan poco a poco al suelo como si colgaran de un paracaídas.

Genau vor Ewalds Haus landen sie.
„Wundervoll!", ruft Boris. „Komm, das machen wir gleich noch einmal!"

Aterrizan justo delante de la casa de Ewald.
"¡Qué maravilla!", exclama Boris. "Venga, ¡vamos a repetirlo!".

ERWIN MOSER wurde in Wien geboren. Er absolvierte eine Ausbildung zum Schriftsetzer, seit 1980 erfand und illustrierte er seine eigenen Geschichten. In über 30 Jahren veröffentlichte er zahlreiche Bilder- und Kinderbücher, die inzwischen zum Kanon der deutschsprachigen Kinder- und Jugendliteratur gehören. 2014 wurde in seinem Heimatdorf Gols das Erwin Moser Museum eröffnet. Erwin Moser starb 2017.

ERWIN MOSER nació en Viena. Se formó como tipógrafo profesional y desde 1980 inventó y diseñó sus propias historias. Durante más de 30 años publicó numerosos libros ilustrados para niños, que hoy en día constituyen todo un referente de la literatura infantil y juvenil en lengua alemana. En 2014 se inauguró el Museo Erwin Moser en Gols, pueblo donde creció. Erwin Moser murió en 2017.

MP3-Hörbuch in 9 Sprachen

Das MP3-Hörbuch zu diesem Bilderbuch in Arabisch, Deutsch, Englisch, Französisch, Italienisch, Russisch, Spanisch, Türkisch und Ukrainisch steht unter www.hoerfux.com zum Download bereit.
Untenstehenden Hörbuch-Code eingeben und gewünschte Sprache kostenlos herunterladen. Das MP3-Hörbuch darf nur zu unkommerziellen Zwecken auf CD gebrannt werden.

Hörbuch-Code 615365
www.nord-sued.com/bilibri/

Impressum Hörbuch

Deutsche Fassung:	gelesen von Sebastian Prittwitz
Arabische Fassung:	übersetzt von Mohammed Kareem, gelesen von Yassine Abid
Englische Fassung:	übersetzt von Elizabeth Söder, gelesen von Anne Janssen
Französische Fassung:	übersetzt von Dominique Kirmer, gelesen von Jean-Yves de Groote
Italienische Fassung:	übersetzt von Raffaella Merlini Zanghi, gelesen von Luca Canzonieri
Russische Fassung:	übersetzt und gelesen von Evgeni Vishnevski
Spanische Fassung:	übersetzt von Olga Balboa Sánchez, gelesen von Carlos Aparicio
Türkische Fassung:	übersetzt und gelesen von Eda Hirschberg
Ukrainische Fassung:	übersetzt und gelesen von Mykola Bogdanov
Mischung & Mastering:	Lori Lorenzen, Fluxx Tonstudio, München (www.fluxx-tonstudio.de)